Keto-Brotmaschinen-Kochbuch

Leckere Ketogene Rezepte Für Mehr Energie Und Zum Abnehmen

Sandra Brown
Betsy Schwarz

TABELLE DES INHALTS

Kapitel 1: Frühstücksrezepte
Sangak (Iranisches Fladenbrot)

Vorbereitungszeit: 3 Stunden 15 Minuten

- Kochzeit: 6 Minuten
- Portionen: 6

Nährwerte:

- Kalorien 26
- Karben insgesamt 3,5 g
- Protein 0,7 g
- Gesamtfett 1 g

Zutaten:

- 4 Tassen Mandelmehl
- 2 1/2 Tassen warmes Wasser
- 1 EL Instanthefe
- 12 TL Sesamsamen
- Salz nach Geschmack

Wegbeschreibungen:

1. Fügen Sie 1 EL Hefe zu 1/2 Tasse warmes Wasser in eine große Schüssel und lassen Sie für 5 Minuten stehen, um zu aktivieren.

2. Salz und 1 Tasse Wasser zugeben. 10 Minuten länger stehen lassen.

3. Mehl 1 Tasse zu einem Zeitpunkt hinzufügen, und dann das restliche Wasser hinzufügen.

4. Den Teig kneten und dann zu einer Kugel formen und 3 Stunden bedeckt stehen lassen.

5. Den Ofen auf 482°F vorheizen.

6. Mit einem Nudelholz den Teig ausrollen und in 6 Kugeln teilen. Rollen Sie jeden Ball in 1/2 Zoll dicke Runden.

7. Ein Backblech mit Pergamentpapier auslegen und die gerollten Runden darauf legen. Mit einem Finger machen Sie ein kleines Loch in der Mitte und fügen Sie 2 TL Sesamsamen in jedem Loch hinzu.

8. 3-4 Minuten backen und dann umdrehen und noch 2 Minuten backen.

Italienische würzende Brot

Vorbereitungszeit: 15 Minuten

- Kochzeit: 40 Minuten
- Portionen: 8

Nährwerte:

- Kalorien 26
- Gesamt Kohlenhydrate 2 g
- Protein 7 g
- Gesamtfett   20 g

Zutaten:

- 6 Eier
- 1/2 Tasse Kokosmehl
- 1/2 Tasse Kokosöl, geschmolzen
- 1/4 TL Backpulver
- 1 EL Leinsamen
- 1/2-1 TL Italienische Würze
- Salz nach Geschmack

Wegbeschreibungen:

1. Kombinieren Sie Eier mit Kokosöl.
2. Mehl, italienische Würze, Soda und Salz zugeben. Gut mischen, bis glatt.
3. Lassen Sie den Teig für 5–10 min stehen und dann das Brot oder Brötchen formen.
4. Das Backblech mit Pergamentpapier auslegen und das Brot darauf legen. Mit Leinsamen bestreuen.
5. Bei 30 bis 40 Minuten backen.

Samenbrot

Vorbereitungszeit: 2 Stunden

- Kochzeit: 1 Stunde
- Portionen: 8

Nährwerte:

- Kalorien 196
- Karben insgesamt 19 g
- Protein 8,2 g
- Gesamtfett   10 g

Zutaten:

- 1 1/2 Tassen Haferflocken
- 2/3 Tasse Kürbiskerne
- 1/2 Tasse Leinsamen
- 1/2 Tasse Pekannüsse, gehackt
- 3 EL Mohn
- 2 EL Honig
- 11,2 bis 2 Unzen Kokosöl
- 1 1/2 Tassen Wasser
- Salz nach Geschmack

<u>Wegbeschreibungen:</u>

1. Kombinieren Sie alle trockenen Zutaten und mischen Sie gut.

2. Wasser und Honig in das Kokosöl geben und vermischen, bis der Honig kombiniert wird.

3. Trockene und nasse Mischung kombinieren und den Teig 2 Stunden stehen lassen.

4. Der Teig muss weich und leicht zu kneten sein. Fügen Sie bei Bedarf mehr Wasser hinzu.

5. Den Teig zu einem Laib formen und in eine gefettete, ofenfeste Pfanne geben und 20 Minuten bei 356°F backen.

6. Ein Backblech mit Pergamentpapier auslegen. Den Laib aus dem Ofen nehmen und auf das Backblech geben und 30 Minuten mehr backen.

Pesto Crackers

Portionen: 6

Nährwerte:

2,96 g Nettokohlenhydrate ;

5,34 g Proteine;

19,3 g Fett;

204.5 Kalorien

Zutaten:

Mandelmehl – 1,25 Tassen

- Gemahlener schwarzer Pfeffer - .25 TL.
- Salz - .5 TL.
- Backpulver - .5 TL.
- Getrocknetes Basilikum - .25 TL.
- Cayennepfeffer – 1 Prise
- Gepresste Knoblauchzehe - 1
- Basilikum pesto – 2 EL.
- Butter – 3 EL.

Wegbeschreibungen:

1. Den Ofen aufwärmen, um 325oF zu erreichen. Legen Sie ein Keksblatt mit einem Blatt Pergamentpapier aus.

2. Backpulver, Salz, Mehl und Pfeffer verrühren. In Cayenne, Knoblauch und Basilikum. Das Pesto unterrühren und eine Teigmischung bilden.

3. Mit den Fingern oder einer Gabel in die Butter falten, bis sich eine Teigkugel bildet.

4. Auf dem Backblech anrichten und bis dünn verteilen. 14-17 Minuten backen. Aus dem Ofen nehmen und in Cracker schneiden.

Geröstete Sesam-Cracker

Zutaten:

- Geröstete Sesamsamen – .25 Tasse
- Mandelmehl – 1 Tasse
- Geriebener Asiago-Käse – .5 Tasse
- Eiweiß – 1
- Dijon Senf – 1 EL.
- Salz – 0,5 TL
- Paprika – 1 TL.

Wegbeschreibungen:

1. Den Ofen aufwärmen, bis er 325oF erreicht. Ein Blatt Folie leicht in eine Backform einfetten.

2. Kombinieren Sie alle Befestigungen mit Ausnahme des Salzes in einem Mixer oder Prozessor. Pulsieren, bis er sich zu Teig formt.

3. Nehmen Sie es vom Prozessor und rollen Sie den Teig aus, um ein Protokoll zu bilden (1.5 in. rund). Schneiden Sie sie in 1/4-Zoll-Scheiben.

   4. Auf dem Backblech anrichten und mit dem Salz bestreuen.
   5. 17 bis 20 Minuten backen.

Hanf Herz Cracker

Portionen: 36

Nährwerte:

1 g Netto

Kohlenhydrate

; 1 g Proteine;

6 g Fett;

76 Kalorien

Zutaten:

- Mandelmehl – 1 Tasse
- Kokosmehl - .5 Tasse (+) mehr zum Vorbereiten des Teigs
- Hanf-Herzen - .5 Tasse
- Backpulver – 3 TL.
- Optional: Xanthan-Kaugummi - 1 TL.
- Salz zum Topping - .5 TL.

- Backpulver - .25 TL.
- Gesalzene Butter – sehr kalt – 6 EL.
- Geschmolzene Butter mit Salz – 4 EL.
- Olivenöl – 2 EL.
- Eiswasser - .66 Tasse

<u>Wegbeschreibungen:</u>

1. Den Ofen auf 400oF aufwärmen

2. Hanfherzen, Mandelmehl, Backpulver, Kokosmehl, Backpulver und Salz in einen Mischbehälter geben – gut mischen.

3. Die gekühlte Butter grateundgieren und in die Mehlmischung rühren.

4. Das Olivenöl eingießen. Rühren, bis das gesamte Olivenöl in die Mehlmischung gemischt wird und das Wasser hinzufügen. Den Teig mindestens 30 Minuten in den Kühlschrank stellen.

5. Zu dieser Zeit, Staub eine Silpat oder Blatt Pergament mit Kokosmehl.

6. Bereiten Sie den Teig (1/4-Zoll-Dicke) und Staub mit Mehl. In die gewünschten Formen schneiden.

7. Sie können einen Zahnstocher verwenden, um Löcher in die Cracker zu stopfen. 15-20 Minuten backen.

8. Bereiten Sie die Butter mit .5 TL Salz vor, um die Cracker zu bürsten, während sie heiß sind. Ofen ausschalten und das Tablett für fünf Minuten wieder in den Ofen stellen. Entfernen und kühlen Sie die Charge vor dem Lagern vollständig.

Ungeschmeckte Kokosmehl Muffins

Portionen: 1

Nährwerte: 5 g

Netto

Kohlenhydrate;

7 g Proteine;

6 g Fett;

113 Kalorien

Zutaten:

- Eier – 1
- Backpulver - .25 TL.
- Kokosmehl – 2 TL
- Salz - Prise

Wegbeschreibungen:

1. Sieben Sie das Mehl und kombinieren Sie alle Befestigungen.

2. Den Ofen auf 400oF aufwärmen.

3. Fetten Sie die Muffinbecher und fügen Sie die Mischung hinzu.

4. 12 Minuten backen und servieren oder abkühlen lassen.

Mikrowellenbrot

Portionsgröße: 4 kleine Runden

Nährwerte:

2 g Netto Kohlenhydrate;

3,25 g Proteine;

13 g Fett;

132 Kalorien

Zutaten:

- Mandelmehl - .33 Tasse
- Salz - .125 TL
- Backpulver - .5 TL
- Geschmolzenes Ghee – 2,5 EL.
- Ei - 1
- Öl – Spritz für den Becher

Wegbeschreibungen:

1. Fetten Sie eine Tasse mit dem Öl. Kombinieren Sie alle Befestigungen in einer Mischschale und gießen Sie in die Tasse. Legen Sie die Tasse in die Mikrowelle. Stellen Sie den Timer mit der hohen Einstellung für 90 Sekunden ein.

2. Übertragen Sie den Becher für 2-3 Minuten in einen Kühlraum. Vorsichtig vom Brot nehmen und in 4 Portionen schneiden.

Kapitel 2: Lunch-Rezepte

Jalapeno Cornbread Mini-Loaves

Portionen: 8 Nährwerte:

2,96 g Nettokohlenhydrate;

11,2 g Proteine;

26,8 g Fett; 302 Kalorien

 Zutaten für die trockenen Zutaten:

- Mandelmehl – 1,5 Tassen
- Goldene Leinsamen Mahlzeit - .5 Tasse
- Salz – 1 TL.
- Backpulver – 2 TL.

Zutaten für die nassen Zutaten:

- Vollfett saure Sahne - .5 Tasse
- Geschmolzene Butter – 4 EL.
- Große Eier - 4
- Flüssiges Stevia – 10 Tropfen
- Amoretti Süßmais-Extrakt – 1 TL.

Zutaten für die Add-Ins:

- Gerieben scharfen Cheddar-Käse - .5 Tasse
- Frische Jalapenos, gesät
- und Membranen entfernt - 2

Wegbeschreibungen:

1. Den Ofen aufwärmen, um 375oF zu erreichen.

2. Jede der Laibpfannen mit Ölkochspray oder Butter bespritzen.

3. Die trockenen Fixierungen (Salz, Backpulver, Mandelmehl und Leinsamenmehl) verrühren oder siebensieben.

4. In einem anderen Behälter die Nassbefestigungen bestreuen und kombinieren. Den geriebenen Käse und die Paprika einfalten. In die Pfannen gießen und mit einem Pfefferring abschmecken.

5. Backen bis goldbraun oder ca. 20-22 Minuten. Lassen Sie es in der Pfanne für etwa fünf Minuten zu kühlen. Dann legen Sie einfach auf einem Drahtgestell vor dem Aufbewahren oder Servieren.

Paleo Brot – Keto-Stil

Scheiben Nährwerte:

9.1 g Nettokohlenhydrate ;

10,4 g Proteine;

58,7 g Fett;

579.6 Kalorien

Zutaten:

- Olivenöl - .5 Tasse (+) 2 EL.
- Eier – 3
- Mandelmilch/Wasser - .25 Tasse
- Kokosmehl - .5 Tasse
- Backpulver – 1 TL.
- Mandelmehl – 3 Tassen
- Backpulver – 2 TL.
- Salz - .25 TL.
- Auch benötigt: Laib Pfanne – 9 x 5-Zoll

Wegbeschreibungen:

1. Den Ofen auf 300oF aufwärmen. Die Pfanne mit Olivenöl leicht spritzen.
2. Kombinieren Sie alle   trockenen Befestigungen und mischen Sie mit dem Nass, um den Teig vorzubereiten.
3. In die gefettete Pfanne gießen und 1 Stunde backen.

4. Kühl und in Scheiben schneiden.

Sesamsamenbrot

Nährwerte:

1 g Netto

Kohlenhydrate

; 7 g Proteine;

13 g Fett;

100 Kalorien

Zutaten:

Sesamsamen – 2 EL.

- Psyllium-Schalenpulver – 5 EL
- Meersalz - .25 TL.
- Apfelessig – 2 TL.
- Backpulver – 2 TL.
- Mandelmehl – 1,25 Tassen
- Kochendes Wasser – 1 Tasse
- Eiweiß – 3

1. .

<u>Wegbeschreibungen:</u>

1. Den Ofen auferhitzen, um 350oF zu erreichen. Spritzen Sie eine Backform mit etwas Speiseölspray.

2. Das Wasser in einen Topf geben, um zu kochen

3. Mischen Sie das Psylliumpulver, Sesamsamen, Meersalz, Backpulver und Mandelmehl.

4. Das gekochte Wasser, den Essig und das Eiweiß unterrühren. Verwenden Sie einen Handmixer (weniger als 1 Min.) zu kombinieren. Legen Sie das Brot auf die vorbereitete Pfanne.

5. Backen Sie für 1 Stunde auf dem niedrigsten Rack. Servieren und genießen Sie jederzeit.

Gefülltes Savory Brot

Portionen:

Nährwerte:

2 g Netto

Kohlenhydrate

; 6 g Proteine;

20 g Fett;

202 Kalorien

Zutaten:

- Backpulver – 1,5 TL
- Petersilie Würze – 2 EL.
- Salbei – 1 TL
- Rosmarin – 1 TL.
- Mittlere Eier – 8
- Frischkäse – 1 Tasse
- Butter - .5 Tasse
- Mandelmehl – 2,5 Tassen
- Kokosmehl - .25 Tasse

<u>Wegbeschreibungen:</u>

1. Den Ofen auf 350F erhitzen. Eine Laibpfanne fetten.

2. Die Butter und den Frischkäse in die Sahne/zerschlagen. Falten In den Gewürzen (Petersilie, Salbei und Rosmarin).

3. Whisk und brechen in das Ei, um den Teig zu bilden, bis es glatt ist.

4. Kombinieren Sie die Mandel und Kokosmehl mit dem Backpulver, und fügen Sie die Mischung, bis dick.

5. In die Laibpfanne schaufeln und 50 Minuten backen. Servieren und genießen.

Knoblauch Brotstäbchen

Portionen:8 Brotstäbchen

Zucker: 1,1 g,

Protein: 7 g

Nährwerte: Kalorien:

259.2,

Gesamtfett: 24,7 g,

gesättigte

Zutaten für die Knoblauchbutter:

- 1/4 Tasse Butter, aufgeweicht
- 1 TL Knoblauchpulver
- Zutaten:
- 2 Tasse Mandelmehl
- 1/2 EL Backpulver
- 1 EL Psyllium Husk Pulver
- 1/4 TL Salz
- 3 EL Butter, geschmolzen
- 1 Ei
- 1/4 Tasse Siedewasser

Fettsäuren: 7,5 g,

Kohlenhydrate: 6,3

g,

Wegbeschreibungen:

1. Vorheizen Sie Ihren Ofen auf 400F / 200C. Legen Sie Ihr Backblech mit Pergamentpapier aus und legen Sie es beiseite.

2. Die Butter mit dem Knoblauchpulver schlagen und zum Bürsten beiseite stellen.

3. Mischen Sie das Psyllium Schalenpulver, Backpulver, Mandelmehl und Salz. Fügen Sie die Butter zusammen mit dem Ei und mischen, bis gut kombiniert.

4. Mischen, bis Teig formen mit kochendem Wasser.

5. Den Teig in 8 gleiche Stücke teilen und in Brotstäbchen rollen.

6. Auf das Backblech legen und 15 Minuten backen. Die Brotstäbchen mit der Knoblauchbutter putzen und noch 5 Minuten backen.

7. Warm servieren oder abkühlen lassen.

Savory Italienische Cracker

Protein: 2,1 g

Zutaten:

1 1/2 Tasse Mandelmehl

- 1/4 TL Knoblauchpulver
- 1/2 TL Zwiebelpulver
- 1/2 TL Thymian
- 1/4 TL Basilikum
- 1/4 TL Oregano
- 3/4 TL Salz
- 1 Ei
- 2 EL Olivenöl

Portionen:20-30 Cracker

Nährwerte: Kalorien: 63,5,

Gesamtfett: 5,8 g,

gesättigtes Fett: 0,6

g, Kohlenhydrate:

1,8 g, S ugars:0,3 g,

<u>Wegbeschreibungen:</u>

1. Backofen auf 350F / 175C vorheizen. Backblech mit Pergamentpapier auslegen und beiseite stellen.

2. Kombinieren Sie alle Zutaten zu einer Küchenmaschine, bis sich Teig bildet.

3. Den Teig zu einem Baumstamm formen und in dünne Cracker schneiden. Die Cracker auf das vorbereitete Backblech anrichten und ca. 10-15 Minuten backen.

4. Wenn sie fertig sind, abkühlen und servieren.

Kapitel 3 : Abendessen Rezepte
Zitrus- und Ricotta-Pfannkuchen

Zubereitungszeit: 5 Minuten

Kochzeit: 10 Minuten

Portionen:4

Nährwerte:

- Fett: 20 g.
- Protein: 15 g.
- Kohlenhydrate: 5 g.
- Zutaten:
- 1/2 Tasse Ricotta Käse
- 4 Eier
- 1/2 Tasse Mandelmehl
- 1 TL Orange Zest
- 1 TL Vanilleextrakt

Wegbeschreibungen:

1. Mischen Sie alle Zutaten in einem Mixer.
2. Eine Pfanne vorheizen und mit Antihaftspray beschichten.
3. Im Teig aufkochen und 1-2 Minuten pro Seite kochen.

Keto Speck und Käse Pfannkuchen

Zubereitungszeit: 10 Minuten

Kochzeit: 10 Minuten

Portionen:4

Nährwerte:

- Fett: 22 g.
- Protein: 17 g.
- Kohlenhydrate: 6 g.

Zutaten:

- 1/2 Tasse Geschreddert Cheddar
- 4 Eier, getrennt
- 1/2 Tasse Mandelmehl
- 1/2 TL Tartarcreme
- 1/4 TL Salz
- 1/4 Tasse Speck Bits
- 1 EL gehackte Chives

Wegbeschreibungen:

1. Das Eiweiß und die Zahnsteincreme bis zu weichen Spitzen verquirlen.
2. Mandelmehl und Salz einsieben.
3. In Cheddar, Speck und Schnittlauch falten.
4. Eine Antihaftpfanne mit Kochspray leicht beschichten.
5. Den Teig einrühren und 1-2 Minuten pro Seite kochen.

Lila Yam Pfannkuchen

Zubereitungszeit: 5 Minuten

Kochzeit: 10 Minuten

Portionen:4

Nährwerte:

- Fett: 31 g.
- Protein: 11 g.
- Kohlenhydrate: 9 g.

Zutaten:

- 1/2 Tasse Kokosmehl
- 4 Eier
- 1 Tasse Kokosmilch
- 1 TL Guarkernmehl
- 1/2 TL Backpulver
- 1 EL Kokosöl
- 1/4 Tasse Lila Yam Püree

Wegbeschreibungen:

1. Mischen Sie alle Zutaten in einem Mixer.
2. Eine Pfanne vorheizen und mit Antihaftspray beschichten.
3. Im Teig aufkochen und 1-2 Minuten pro Seite kochen.

Bananen-Walnuss-Cookies

Zubereitungszeit: 10 Minuten

Zubereitungszeit: 10 Minuten

Kochzeit: 12 min

Portionen:12

Zutaten:

- 1,5 Tassen Mandelmehl
- 1 Tasse Mashed Bananas
- 1/4 Tasse Erdnussbutter
- 1/4 Tasse Walnüsse, gehackt

Nährwerte:

- Fett: 8 g.
- Protein: 3 g.
- Kohlenhydrate: 8 g.

Wegbeschreibungen:

1. Backofen auf 350F vorheizen.
2. In einer Schüssel Mandelmehl, pürierte Bananen und Erdnussbutter mischen, bis sie gut kombiniert sind.
3. Die Walnüsse in den Teig falten.
4. Den Teig in ein mit Pergament ausgekleidetes Backblech schaufeln. Drücken Sie leicht, um abzuflachen.
5. 12 Minuten backen.

Keto Avocado Pfannkuchen

Zubereitungszeit: 5 Minuten

Kochzeit: 10 Minuten

Portionen:4

Nährwerte:

- Fett: 16 g.
- Protein: 7 g.
- Kohlenhydrate: 7 g.

Zutaten:

- 1 Große Avocado
- 2 Eier
- 1/2 Tasse Milch
- 1/4 Tasse Mandelmehl
- 1/2 TL Backpulver
- 1 EL Erythritol

Wegbeschreibungen:

2. Mischen Sie alle Zutaten in einem Mixer.
3. Eine Pfanne vorheizen und mit Antihaftspray beschichten.
4. Im Teig aufkochen und 1-2 Minuten pro Seite kochen.

Zimtbutter Cookies

Zubereitungszeit: 10 Minuten

Kochzeit: 12 min

Portionen:12

Nährwerte:

- Fett: 16 g.
- Protein: 4 g.
- Kohlenhydrate: 3 g.

Zutaten:

- 1 TL Vanilleextrakt
- 1/4 TL Salz
- 2 Tassen Mandelmehl
- 1/2 TL Zimtpulver
- 1 Stick Butter, weich
- 1/2 Tasse Swerve Granular Sweetener
- 1 Ganzes Ei

Wegbeschreibungen:

1. 350F ist das Ziel beim Vorheizen des Ofens.
2. Mandelmehl, Salz, Zimt und Süßstoff in einer Schüssel verrühren.
3. In die Butter schneiden, bis die Mischung einer groben Mahlzeit ähnelt.
4. Das Ei und den Vanilleextrakt unterrühren.
5. Den Teig in ein mit Pergament ausgekleidetes Backblech schaufeln. Drücken Sie leicht, um abzuflachen.
6. 12 Minuten backen.

Low-Carb Butter Pecan Cookies

Zubereitungszeit: 10 Minuten

Kochzeit: 12 min

Portionen:15

Nährwerte:

- Fett: 15 g.
- Protein: 3 g.
- Kohlenhydrate: 3 g.

Zutaten:

- 1 TL Vanilleextrakt
- 1/2 TL Backpulver
- 1/4 TL Salz
- 1/2 Tasse Pekannüsse, gehackt
- 1 Stick Butter, weich
- 1/2 Tasse Swerve Granular Sweetener
- 1 Ganzes Ei
- 2 Tassen Mandelmehl

Wegbeschreibungen:

1. 350F sollte das Ziel sein, wenn der Ofen vorgeheizt wird.

2. Sahnebutter, Süßungsmittel mit einem Mixer.

3. Das Ei und den Vanilleextrakt unterrühren.

4. Mandelmehl, Backpulver und Salz in einer separaten Schüssel verrühren.

5. Die trockenen Zutaten in die nasse Mischung mischen.

6. Die gehackten Pekannüsse in den Teig falten.

7. Den Teig in ein mit Pergament ausgekleidetes Backblech schaufeln. Drücken Sie leicht, um abzuflachen.

8. 12 Minuten backen.

Keto Ingwer Cookies

Zutaten:

- 1/2 Tasse Kokosmehl
- 1/4 TL Salz
- 1/2 TL Zimtpulver

Nährwerte:

- 1/2 TL Ingwerpulver
- 1/4 TL Gemahlene Cloves

  - Fett: 13 g.
- 1 Stick Butter, weich
  - Protein: 3 g.
- 1 TL Vanilleextrakt
  - Kohlenhydrate: 2 g.
- 1 Tasse Mandelmehl
- 1/2 Tasse Swerve Granular Sweetener
- 1 Ganzes Ei

2. 350F sollte das Ziel sein, wenn der Ofen vorgeheizt wird.

3. Mandelmehl, Kokosmehl, Salz, Zimt, Ingwerpulver, Nelken und Süßstoff in einer Schüssel verrühren.

4. In die Butter schneiden, bis die Mischung einer groben Mahlzeit ähnelt.

5. Das Ei und den Vanilleextrakt unterrühren.

6. Den Teig in ein mit Pergament ausgekleidetes Backblech schaufeln. Drücken Sie leicht, um abzuflachen.

7. 12 Minuten backen.

Zitronenbutter Cupcakes

Zubereitungszeit: 10 Minuten

Kochzeit: 25 min Portionen:6

Nährwerte:

- Fett: 29 g.
- Protein: 8 g.
- Kohlenhydrate: 7 g.

- 1,5 TL Backpulver
- 1/4 TL Salz
- 1/2 Tasse Erythritol
- 1/3 Tasse Milch
- 2 große Ganze Eier
- 1,5 Tassen Mandelmehl
- 1 Stick Butter, weich
- 2 TL Zitronenzest

<u>Wegbeschreibungen:</u>

1. 350F sollte das Ziel sein, wenn der Ofen vorgeheizt wird.

2. Mandelmehl, Backpulver und Salz in einer Schüssel verrühren.

3. Eier, Butter und Erythritol in einer separaten Schüssel schlagen. Nach und nach die Milch einrühren.

4. Die nasse Mischung in die trockenen Zutaten rühren.

5. In der Zitronenschale falten.

6. Beschichten Sie eine 6-Loch-Muffinpfanne mit Antihaftspray.

7. Den Teig in die Pfanne geben und 25 Minuten backen.

Kapitel 4: Snacks
Knusprige Mandelcracker

Serviert: 40 Cracker

Nährwert: Kalorien: 21.7,

Gesamtfett: 2,9 g,

gesättigtes Fett: 0,2

g, Kohlenhydrate:

0,8 g,

Zucker: 0,1 g,

Protein: 0,9 g

- 1 Tasse Mandelmehl
- 1/4 TL Backpulver
- 1/4 TL Salz
- 1/8 TL Schwarzer Pfeffer
- 3 EL Sesamsamen
- 1 Ei, geschlagen
- Salz und schwarzer Pfeffer, um die Cracker zu kronieren

Wegbeschreibungen:

1. Backofen auf 350F / 175C vorheizen. Zwei Backbleche mit Pergamentpapier auslegen und beiseite stellen.
2. Mischen Sie alle trockenen Zutaten zu einer großen Schüssel. Fügen Sie das Ei und mischen Sie gut zu integrieren und Teig zu formen. Den Teig in zwei Kugeln teilen.

3. Den Teig zwischen zwei Stück   Pergamentpapier ausrollen. In Cracker schneiden und auf das vorbereitete Backblech geben.
4. Etwa 15-20 Minuten backen. In der Zwischenzeit wiederholen Sie das gleiche Verfahren mit dem restlichen Teig.
5. Einmal fertig, lassen Sie die Cracker abkühlen und servieren.

Brezelartige Cracker

Protein: 1,4 g

Zutaten:

- 1/2 Tasse Ghee
- 1/2 Tasse Wasser
- 2 EL Apfelessig
- 1/2 TL Meersalz
- 1/2 Tasse Tapioca Mehl
- 1/2 TL Backpulver
- 1/2 TL Backpulver
- 1 Ei
- 1 Tasse Kokosmehl

Serviert: 15 Cracker

Nährwerte: Kalorien: 92.2,

Gesamtfett: 10,2 g, gesättigte

Fettsäuren: 2,1 g, Kohlenhydrate: 4,5

g,

Zucker: 0 g,

Wegbeschreibungen:

1. Backofen auf 350F / 175C vorheizen. Backblech mit Pergamentpapier auslegen und beiseite stellen.
2. Ghee, Wasser, Essig und Salz in einen Topf geben und bei mittlerer Hitze zum Kochen bringen.
3. Sobald es zu kochen beginnt, von der Hitze entfernen und das Tapiokamehl unterrühren. Backpulver und Soda dazugeben und ca. 3-5 Sekunden mischen, wenn die Mischung schäumt.
4. Das Ei und Kokosmehl dazugeben und mischen, bis sich Teig bildet.
5. Den Teig für ein oder zwei Minuten kneten und dann in kleine Kugeln teilen. Rollen Sie jeden Ball in ein Protokoll und drehen Sie ihn in eine Brezelform.
6. Auf dem vorbereiteten Backblech anrichten und etwa eine halbe Stunde backen.
7. Vor dem Servieren etwas abkühlen lassen.

Hausgemachte Sesam-Brotstäbchen

Zutaten:

Nährwerte: Kalorien: 53,6,

- 1 Eiweiß

Gesamtfett: 5 g, gesättigte

- 2 EL Mandelmehl

Fettsäuren: 0,6 g, Kohlenhydrate:

- 1 TL Himalaya-Rosa Salz

1,1 g,

- 1 EL Natives Olivenöl Extra

Zucker: 0,2 g, Protein: 1,6 g

- 1/2 TL Sesamsamen

Wegbeschreibungen:

1. Backofen auf 320F / 160C vorheizen. Backblech mit Pergamentpapier auslegen und beiseite stellen.
2. Das Eiweiß verrühren und das Mehl sowie die Hälfte des Salzes und des Olivenöls dazugeben.
3. Kneten, bis Sie glatten Teig bekommen, in 5 Stücke teilen und in Brotstäbchen rollen.
4. Auf das vorbereitete Blatt geben, mit dem restlichen Olivenöl bürsten und mit den Sesamsamen und dem restlichen Salz bestreuen.
5. Etwa 20Minuten backen. Vor demServieren etwas abkühlen lassen.

Mikrowelle Keto Brot

<u>Serviert: 4 Scheiben</u>

<u>Nährwerte:</u>

Kalorien: 357,

Gesamtfett: 33,8 g, gesättigte Fettsäuren:

11,6 g, Kohlenhydrate: 6,4 g,

Zucker: 1,2 g,

Protein: 12,3 g

<u>Zutaten:</u>

- 1/3 Tasse Mandelmehl

- 1/8 TL Salz

- 1/2 TL Backpulver

- 2 1/2 EL Ghee, geschmolzen

- 1 Ei, berührt

<u>Wegbeschreibungen:</u>

1. Einen Becher fetten und beiseite stellen.

2. Kombinieren Sie alle Zutaten zu einem Teig. 90 Sekunden lang auf den gefetteten Becher und die Mikrowelle übertragen.

3. Für einige Minuten abkühlen lassen.

4. Pop aus dem Becher, schneiden und essen.

Kräuterbrot

Serviert: 4

Nährwerte:

Kalorien: 421,

Gesamtfett: 37,4 g, gesättigte Fettsäuren:

14,8 g, Kohlenhydrate: 9,4 g, Zucker: 0,9 g,

Protein: 15,1 g

Zutaten:

- 2 EL Kokosmehl

- 1 1/2 Tassen Mandelmehl

- 2 EL Frische Kräuter nach Wahl, gehackt

- 2 EL gemahlene Flachssamen

- 1 1/2 TL Backpulver

- 1/4 TL Salz

- 5 Eier

- 1 EL Apfelessig

- 1/4 Tasse Kokosöl, geschmolzen

Wegbeschreibungen:

1. Heizen Sie Ihren Ofen auf 350F / 175C vor. Eine Laibpfanne fetten und beiseite stellen.

2. Kokosmehl, Mandelmehl, Kräuter, Flachs, Backpulver und Salz zu Ihrer Küchenmaschine geben. Puls ieren und dann fügen Sie die Eier, Essig, und Öl.

3. Den Teig in die vorbereitete Brotpfanne geben und im vorgeheizten Ofen ca. 30 min backen.

4. Einmal gebacken und goldbraun, aus dem Ofen nehmen, abkühlen lassen, schneiden und essen.

Drei-Käse-Cupcakes

Zubereitungszeit: 10 Minuten

Kochzeit: 25 min_Portionen:6

Nährwerte:

- Fett: 18 g.
- Protein: 10 g.
- Kohlenhydrate: 6 g.

Zutaten:

- 1 TL Backpulver
- 1/4 TL Salz
- 1/2 Tasse Erythritol
- 1/3 Tasse Milch
- 2 große Ganze Eier
- 1/3 Tasse Cream Cheese, weich
- 1 Tasse Mandelmehl
- 1/2 Tasse geriebener Cheddar
- 1/4 Tasse geriebener Parmesan

Wegbeschreibungen:

1. 350F ist die Zielwärme nach der Vorwärmung.

2. Mandelmehl, Backpulver und Salz in einer Schüssel verrühren.

3. Erythritol, Frischkäse und Eier in einer separaten Schüssel schlagen. Nach und nach die Milch einrühren.

4. Die nasse Mischung in die trockenen Zutaten rühren.

5. Falten Sie in der Cheddar und Parmesan.

6. Beschichten Sie eine 6-Loch-Muffinpfanne mit Antihaftspray.

7. Den Teig in die Pfanne geben und 25 Minuten backen.

Mandel-Keto-Brot

Zutaten:

Nährwert: Kalorien: 302,

- 3 Tassen Mandelmehl

  Gesamtfett: 28,6 g, gesättigte

- 1 TL Backpulver

  Fettsäuren: 3 g, Kohlenhydrate: 7,3

- 2 TL Backpulver

  g,

- 1/4 TL Salz

  Zucker: 1,2 g,

- 1/4 Tasse
  Mandelmilch

  Protein: 8,5 g

- 1/2 Tasse + 2 EL Olivenöl

- 3 Eier

Wegbeschreibungen:

1. Heizen Sie Ihren Ofen auf 300F / 149C vor. Eine Laibpfanne(z.B. 9x5) fetten und beiseite stellen.
2. Kombinieren Sie alle Zutaten und übertragen Sie den Teig in die vorbereitete Laibpfanne.
3. Im vorgeheizten Ofen eine Stunde backen.
4. Nach dem Backen aus dem Ofen nehmen, abkühlen lassen, schneiden und essen

Mandelbrot

Serviert: 8

Nährwerte:

Kalorien: 277,

Gesamtfett: 21,5 g, gesättigte

Fettsäuren: 7,3 g, Kohlenhydrate: 12,7

g,

Zucker: 0,3 g,Protein: 10,7 g

Zutaten:

- 1 1/4 Tassen Mandelmehl
- 1/2 Tasse Kokosmehl
- 1/4 Tasse Gemahlen Chia Samen
- 1/2 TL Backpulver
- 1/4 TL Salz
- 4 EL Kokosöl, geschmolzen
- 5 Eier
- 1 EL Apfelessig

Wegbeschreibungen:

1. Heizen Sie Ihren Ofen auf 350F / 190C vor. Eine Laibpfanne fetten und beiseite stellen.
2. Kombinieren Sie alle trockenen Zutaten und beiseite stellen.
3. Die nassen Zutaten vermischen und zu den trockenen Zutaten hinzufügen. Mischen Sie gut zu kombinieren.
4. Den Teig in die vorbereitete Brotpfanne geben und im vorgeheizten Ofen ca. 40-50 Minuten

backen.
5. Wenn gebacken, abkühlen lassen, schneiden und essen.

Thanksgiving Brot

Serviert: 4

Protein: 12,2 g'

Nährwerte:

Kalorien: 339,

Gesamtfett: 26,9

g,

Gesättigte Fettsäuren: 5,7

g, Kohlenhydrate: 16,7

g,

Zucker: 1,2 g,

Zutaten:

- 1 EL Ghee

- 2 SellerieStiele, gehackt

- 1 Zwiebel, gehackt

- 1/2 Tasse Walnüsse

- 1/2 Tasse Kokosmehl

- 1 1/2 Tasse Mandelmehl

- 1 EL Frischer Rosmarin, gehackt

- 10 Salbeiblätter, fein gehackt

- 1 TL Backpulver

- 1 Prise frisch geriebene Muskatnuss
- 1/4 TL Salz1/2 Tasse Hühnerbrühe

- 4 Eier

- 2-3 Speckstreifen, gekocht und zerbröselt

-

Wegbeschreibungen:

1. Heizen Sie Ihren Ofen auf 350F / 175C vor.

2. Das Ghee in eine Pfanne geben und auf medium schmelzen. Sellerie und Zwiebel dazugeben und ca. 5 Minuten anbraten.

3. Einmal zart, fügen Sie die Walnüsse und kochen für ein paar weitere Minuten. Beiseite stellen.

4. In einer Schüssel Kokosmehl, Mandelmehl, Rosmarin, Salbei, Backpulver, Muskatnuss und Salz vermischen.

5. Den sautierten Sellerie und die Zwiebel unterrühren und die Hühnerbrühe und die Eier dazugeben. Mischen, bis gut integriert.

6. Den Speck einrühren und den Teig in die vorbereitete Laibpfanne geben. Backen Sie den vorgeheizten Ofen für ca. 30-35 Minuten.

7. Nach dem Backen abkühlen lassen, in Scheiben schneiden und servieren.

Keto Rosemary Rolls

Kochzeit: 20 min

Serviert : 8 Rollen .

Nährwerte: Kalorien

pro Rolle: 89

Kohlenhydrate 2.3g,

Gesamtfett:

7.7g, Protein:

3.3g

Zutaten:

1 Tasse Mandelmehl

1 EL Backpulver 2

TL frischer

Rosmarin 1 TL

getrockneter

Schnittlauch

4 un Frischkäse

3/4 Tasse Mozzarella-Käse,

geschreddert 1 Ei

<u>Wegbeschreibungen:</u>

1. Ofen auf 160°C erhitzen.

2. Alle trockenen Zutaten mischen: Mandelmehl+Backpulver+getrockneter Schnittlauch+frischer Rosmarin.

3. Mikrowelle Mozzarella +Frischkäse für eine Minute.

4. Fügen Sie dort ein Ei und mischen Sie wieder.

5. Zum Ei mit Käse gemischten trockenen Zutaten hinzufügen und den Teig zubereiten.

6. Lassen Sie es in einem Gefrierschrank für 15 min abkühlen.

7. Ölen Sie Ihre Hände und bilden Sie 8 kleine Kugeln

8. Legen Sie sie auf ein Backblech mit dem Butterpapier bedeckt.

9. Backen Sie für 20 min.

Hot Dog Rolls

Zutaten:

- 6 Oz Mandelmehl
- 1/2 EL Backpulver
- 3 Eier
- 4 EL Öl
- Salt

Ertrag: 3 Brötchen

Nährwert:

Kalorien pro

Brötchen: 274

Kohlenhydrate 2.6g,

Fette 28.3g,

Proteine: 7.8g

Schritte:

1. Kombinieren Sie alle Zutaten zusammen: Mandelmehl+ Backpulver+Eier+Öl+Salz. Mischen Sie sie gut.

2. Mikrowelle diese Mischung fo 1,5-2 min. Überprüfen Sie es. Wenn es irgendwo nass ist, Mikrowelle es für mehr 30 Sek.

3. Schneiden Sie aus dem Brot das Brötchen für Ihre Hot Dogs.

4. Erstellen Sie die Füllung, die Sie mögen und genießen.

Soft Dinner Rolls

Kochzeit: 20 min Portionen: 12

(2 Rollen pro Portion)

Nährwerte: .

Kalorien pro Portion:

157 Kohlenhydrate:

4.5g,

Gesamtfett:

13.2g, Proteine:

6.6g.

Zutaten:

- 10 oz Mandelmehl

- 1/4 Tasse Backpulver

- 1 Tasse Frischkäse

- 3 Tassen Mozzarella, geschreddert

- 4 Eier

- 1 EL Butter

Schritte:

2. Den Ofen auf 190°C erhitzen

3. Mikrowelle Mozzarella +Frischkäse für eine Minute.

4. Alle trockenen Zutaten mischen: Mandelmehl+Backpulver+ Eier

5. Käse zu trockenen Zutaten hinzufügen, gut mischen und 15 min beiseite legen.

6. 12 Brötchen formen und im Gefrierschrank 7-10 min abkühlen lassen.

7. Die Butter in der Eisenpfanne schmelzen.

8. Legen Sie die Brötchen nebeneinander und backen Sie für 20 min in der Pfanne.

9. Genießen

Notizen:

☐ So viel Menge Backpulver wird helfen, den Teig gut zu steigen und nicht flach zu sein.

Keto Hot Dog Buns

Kochzeit: 45 min

Ertrag: 10 Rollen

Nährwert: Kalorien

pro Brötchen: 29

Kohlenhydrate 1.5g,

Fette 2.1g,

Proteine: 1.3g.

Zutaten:

- 10 oz Mandelmehl

- 1/3 Tasse Psyllium Schalenpulver

- 2 TL Backpulver

- 1 TL Meersalz

- 2 TL Apfelessig

- 10 unzen kochendes Wasser

- 3 Eiweiß

Schritte:

1. Den Ofen auf 175°C erhitzen.

2. Mischen Sie alle trockenen Zutaten: Mandelmehl + PsylliumSchale Pulver + Backpulver + Meersalz.

3. Kochen Sie das Wasser.

4. Zu trockenen Zutaten hinzufügen: Wasser + Essig + Eiweiß und Schneebesen. Der Teig sollte weich sein.
5. Form 10 Hot Dog Brötchen.

6. Legen Sie sie auf das Mit dem Butterpapier bedeckte Backblech.

7. Backen Sie für 45 min.

8. Erstellen Sie die Füllung, die Sie mögen und genießen.

Eine Minute Muffin

Kochzeit: 1 min

Ertrag: 1 Tasse

Nährwert : Kalorien

Zutaten:

pro Tasse: 377

- 2 EL Leinsamenmehl

- 2 EL Mandelmehl

Kohlenhydrate 6.3g,

- 1/2 TL Backpulver

Fette 15g,   Proteine: 8.9g.

- Salz

- 1 Ei

- 1 TL Öl

Schritte:

1. Trockene Zutaten vermischen: Leinsamenmehl+Mandelmehl+Backpulver+Salz.

2. Fügen Sie dort ein Ei + Öl. Gut mischen.

3. Mikrowelle für 1 min. Oder backen Sie bei 175 C für 15 min.

4. Genie

ßen. Hinweis:

☐ Das Verhältnis ist halb Flachs und halb Mandelmehl. Anstelle von Leinstein können Sie Mandelmehl 100% oder Leinsamenmehl 100% oder Kokosmehl 100% verwenden

. Keto Leinsamen Zimt Bun Muffins

Kochzeit: 15 min

Ertrag: 12 Muffins .

Nährwerte: Kalorien

pro Muffin: 209

Kohlenhydrate 7.1g,

Fette 16.8g,

Proteine: 5.8g.

Zutaten:

- 2 Tassen Leinsamen-Mahlzeit

- 25 Tropfen Stevia

- 1 EL Backpulver

- 2 EL Zimt, gemahlen

- 1/2 EL Salz

- 5 Eier

- 1/2 Tasse Wasser, Raumtemperatur

- 8 EL Kokosöl, geschmolzen

- 2 TL Vanilleextrakt

Schritte:

1. Den Ofen auf 170 C erhitzen.

2. Trockene Zutaten vermischen: Leinsamenmehl+Süßung +Backpulver+ Zimt+Salz.

3. Zusammengenommen: Eier+ Wasser+Öl+Vanilleextrakt. 30 Sek. mischen. Die Mischung sollte schaumig sein.

4. Trockene Mischung in die schaumige geben und gut umrühren.

5. In der Zwischenzeit bereiten Sie Ihre Silikonbecher, fetten Sie sie.

6. Den Teig in die Tassen geben. Ca. 4 EL pro Tasse.

7. Backen Sie für 15 min.

Käse Muffins

Kochzeit: 25 min

Ertrag: 8 Muffins

Nährwert : Kalorien

pro Muffin: 122

Kohlenhydrate 1.9g,

Fette 9.1g,

Proteine: 9.7 g.

Zutaten:

- 4 oz Mandelmehl

- 1/2 TL Backpulver

- 1/2 TL Meersalz

- 1/2 TL Knoblauchpulver

- 1/4 TL Cayenne

- 3 Eier

- 6 oz Cheddar-Käse, geschreddert

- 1,5 unzen Parmesan, gerieben

Schritte:

1. Den Ofen auf 160 C erhitzen.

2. Zusammenrühren: Eier+Salz+Knoblauchpulver+Cayenne .

3. Fügen Sie es hinzu: Mandelmehl + Backpulver + Käse. Gut mischen. Der Teig sollte weich sein.

4. Bereiten Sie Ihre Silikonbecher vor, fetten Sie sie. Oder verwenden Sie Papierbecher.

5. Den Teig in jede Tasse ca. 4 EL pro Tasse geben.

6. Backen Sie für 25 min.

7. Vor dem Servieren abkühlen.

Keto Erdbeer-Muffins

Kochzeit: 20 min

Ertrag: 12 Muffins

Nährwerte: Kalorien:

87

Kohlenhydrat

e 4.3g, Fette

7g, Proteine:

2.4g.

Zutaten:

- 10,5 Oz Mandelmehl

- 2 TL Backpulver

- 1/4 TL Salz

- 1 TL Zimt

- 8 EL Süßstoff

- 5 EL Butter, geschmolzen

- 3 Eier

- 1 TL Vanilleextrakt

- 6 EL schwere Sahne

- 2/3 Tasse frische Erdbeeren

Schritte:

1. Den Ofen auf 175 C erhitzen.

2. Zusammenschlagen: geschmolzene Butter +Süßungsmittel.

3. Fügen Sie es hinzu: Eier +Vanille+Creme. Schlagen Sie weiter, bis der Teig schaumig ist.

4. Etwas Süßstoff mit Erdbeeren verrühren und beiseite legen.

5. Zusammensieben: Mandelmehl+Backpulver+Salz+Zimt .

6. Die trockenen Zutaten zu Butter und Eiern geben. Gut mischen.

7. In Erdbeeren mischen.

8. Den Teig in die Backbecher geben, gefettet.

9. Backen Sie für 20 min.

Cloud-Brot

Kochzeit: 30 min

Ertrag: 8 Wolken

Nährwert: Kalorien

pro Wolke: 37

Kohlenhydrate 0.3g,

Fette 3g,

Proteine: 2.4g.

Zutaten:

- 1/4 TL Zahnsteincreme
- 3 Eier
- 3 EL Frischkäse

Schritte:

1. Den Ofen auf 170 C erhitzen.

2. Bereiten Sie das Backblech vor.

3. Trennen Sie das Eiweiß von Dottern und schlagen Sie mit Tartarcreme für 2-3 min mit einem Handmixer bis zu steifen Spitzen.

4. Eigelb und Frischkäse separat mischen.

5. Kombinieren Sie Weiß mit Dottern weich.

6. 8 Hügel formen und den Teig auf das Backblech legen, gefettet.

7. Backen Sie für 30 min.

Spicy Cloud Brot

Kochzeit: 25-30 min

Ertrag: 6 Wolken

Nährwertangaben:

Kalorien pro Brötchen: 52

Kohlenhydrate 2,8

g, Fette 3,4 g, Proteine:

3,1 g.

Zutaten:

- 3 Eier
- 4 EL Xylitol
- 2 EL Frischkäse
- 2 TL Zimt, gemahlen
- 1/2 TL Backpulver
- Vanille nach Geschmack

Schritte:

1. Den Ofen auf 175 C erhitzen.
2. Bereiten Sie das Backblech vor.
3. Das Eiweiß von Eigelb trennen und mit Backpulver 2-3 min mit einem Handmixer bis zu steifen Spitzen schlagen.
4. Eigelb+Frischkäse+Vanille+Xylitol+Zimtmischen.
5. Kombinieren Sie Weiß mit Dottern weich.
6. 6 Hügel formen und den Teig auf das Backblech legen, gefettet. Machen Sie sie flach.

7. Backen Sie für 30 min, bis sie golden sind.

Avocado Cloud Brot

Kochzeit: 30 min

Ertrag: 6 Wolken

Zutaten:

Nährwerte:

- 1/4 TL Zahnsteincreme
- 4 Eier

Kalorien pro Wolke: 76

- 1/2 Avocado, püriert

Kohlenhydrate 1.8g, Fette 6.2g,

- Salz nach Geschmack

Proteine: 4g.

- Würzen für die Spitze

Schritte:

1. Den Ofen auf 170 C erhitzen.

2. Bereiten Sie das Backblech vor.

3. Trennen Sie das Eiweiß von Dottern und schlagen Sie mit Tartarcreme für 2-3 min mit einem Handmixer bis zu steifen Spitzen.

4. Eigelb und Avocado kombinieren, gut mischen

5. Fügen Sie Weiß zu Eigelb sanft hinzu.

6. 6 Hügel formen und den Teig auf das Backblech legen, gefettet. Machen Sie sie flach.

7. Bestreuen Sie sie mit Würze.

8. Backen Sie für 30 min, bis sie golden sind.

Keto Cheeseburger Muffin

Kochzeit: 23 min

Ertrag: 9 Muffins

Nährwert: Kalorien

pro Muffin: 96

Kohlenhydrate 3.7g,

Fette 7g,

Proteine: 3.9g.

Zutaten:

- 8 EL Mandelmehl
- 8 EL Leinsamenmehl
- 1 TL Backpulver
- 1/2 TL Salz
- 1/4 TL Pfeffer
- 2 Eier
- 4 EL saure Sahne

Hamburger Füllung:

- 1 Pfund Hackfleisch
- 2 EL Tomatenmark
- Salz, Pfeffer, Zwiebelpulver, Knoblauchpulver nach Geschmack

Toppings:

- 1,5 unzen Cheddar-Käse

- 1 Gurke, in Scheiben geschnitten

- 2 EL Ketchup

- 2 EL Senf

Schritte:

2. Den Ofen auf 175 C erhitzen.

3. Kombinieren Sie zusammen: gemahlenes Rindfleisch +Würzen+Salz +Pfeffer. Fry

4. Die trockenen Zutaten vermischen: Mandelmehl+Leinsamenmehl+Backpulver+Salz+Pfeffer.

5. Dort:sauer Creme +Eier

6. Den Teig in die Backsilikonbecher geben, gefettet. Lassen Sie etwas Platz an der Spitze.

7. Das gemahlene Rindfleisch auf die Oberseite des Teigs legen.

8. Backen Sie für 20 min.

9. Aus dem Ofen nehmen und den Käse auf das gemahlene Rindfleisch legen. Backen Sie für 3 min mehr.

10. Legen Sie das Topping und genießen Sie.